CATHERIN[illegible]LET

Auteur de romans et d'essais, Catherine Enjolet conjugue littérature et engagement. Elle a obtenu le prix Georges Brassens pour *Rousse comme personne* (Stock, 1990), et a fait partie de la Sélection des lectrices de *Elle* pour *Princesse d'ailleurs* (Phébus, 1996).
Fondatrice et présidente depuis 1990 de l'association de parrainage d'enfants en France Parrains par'mille, elle développe et ses recherches et ses propositions en faveur de l'enfance à travers ses livres – notamment *En danger de silence* (Robert Laffont, 1999) et *Les liens du sens, les nouveaux enfants seuls* (Ramsay, 2003) –, ainsi que par ses conférences, et son engagement sur le terrain.
Elle est régulièrement saluée par la presse et son action a été plusieurs fois couronnée.

JACQUES SALOMÉ

Jacques Salomé fut longtemps formateur en relations humaines. Passionné par l'humain, il se bat toujours pour que l'on enseigne la communication à l'école comme une matière à part entière car « c'est le seul antidote non-violent à la violence ». Ses derniers ouvrages – *Le courage d'être soi* ; *Passeur de vies* ; *Une vie à se dire* ; *Heureux qui communique* ; *Dis, papa, l'amour c'est quoi ?* et *T'es toi quand tu parles* – sont publiés chez Pocket.

L'AMOUR ET SES CHEMINS

PAROLES À DEUX VOIX

JACQUES SALOMÉ
et
CATHERINE ENJOLET

L'AMOUR ET SES CHEMINS

Édition revue augmentée par les auteurs

POCKET

Illustrations de
France Dufour

I.S.B.N. : 978-2-266-17153-3

« La moindre pensée s'amplifie de tous les échos qu'elle éveille », écrivait Gide.
Chaque rencontre, pour peu que l'on y songe, nous révèle à nous-même.
Cet ouvrage rassemble deux auteurs pour que le meilleur de l'un s'amplifie du meilleur de l'autre.
Les écritures se croisent. Face-à-face des mots. Vibrations. Les pensées se rejoignent. Auteurs et lecteurs alors en rencontre. En écho.

Ouverture

Quand deux écritures se reconnaissent et se rencontrent, chantent alors les accords d'une harmonie et parfois les possibles d'une réconciliation avec le meilleur de nous, amplifiés par le meilleur de l'autre.
Il y a dans la vibration de certains mots un appel à plus de lucidité, une résonance plus large pour en accompagner le sens, pour en prolonger l'impact.
Petites phrases longuement gardées au secret de la pudeur, puis jetées ou plutôt déposées précieusement, devrais-je dire, dans au moins cent petits carnets, mille bouts de papier, dos d'enveloppes, nappes de restaurant qui jalonnent depuis toujours

mes poches, mes tiroirs, mes valises pour garder, pour maintenir vivante la trace d'un moment bienveillant ou d'un point d'interrogation, le souvenir d'une émotion fugace, la force d'une idée, la générosité d'une utopie porteuse de changement ou de remise en cause.

Je suis devenu *écrivant*, pour confirmer cette croyance naïve de ma mère qui savait à peine lire et écrire, ayant quitté l'école à neuf ans pour travailler aux champs, et qui s'écriait, toujours avec la même conviction, chaque fois que son compagnon de vie lui faisait la lecture du journal : « Ah, ce doit être vrai puisque c'est écrit ! »

Elle donnait ainsi à la parole écrite une valeur sacrée, porteuse d'une vérité intangible.

Et même si aujourd'hui je sais que tout ce qui s'écrit n'est pas nécessairement vrai, je garde pour l'écriture et les livres un sentiment quasi religieux, nourri par une affection concrète qui me relie à eux au quotidien de mon existence.

Je trouve que la mission majeure d'une phrase, d'un texte est de nous interpeller, de nous faire rêver, voyager et aussi de nous déloger de trop de certitudes erro-

nées pour nous agrandir vers l'infini d'un partage.
J'écris toujours à la plume, ayant besoin de construire, de modeler les mots et non de les hacher, de les saucissonner quand je me risque à les transcrire sur mon ordinateur.
On me dit aujourd'hui qu'on lit de moins en moins, est-ce vrai ? Je n'en suis pas persuadé. Que le lecteur recherche des petits livres (nous en offrons un de plus) et des gros romans faciles pour se détendre. Qu'il se méfie des grosses briques de un kilo et demi, sauf pour les vacances ! « Avec trois bouquins de un kilo chacun, je fais l'été », ai-je entendu l'an passé sur une plage !
Je crois que tout lecteur est un être d'évolution, de contradiction et d'interrogation et qu'il arrive souvent qu'un livre vienne le chercher, l'appeler au plus inattendu ou au plus proche de lui-même !
J'écris pour ma part depuis plus de trente-cinq ans, des gros et des petits livres, des essais, des romans, des nouvelles, des poésies, plus sensible à l'ordonnancement des mots, des illustrations et bien sûr aux thèmes qui me sont chers qu'au poids ou au volume de l'ouvrage.

Un livre, c'est banal de le dire, a toujours deux auteurs (ici au moins trois), celui qui l'écrit, celui qui le lit. Chaque lecteur à sa façon fait œuvre de création pour prolonger dans les labyrinthes de son imaginaire ou les tâtonnements de sa curiosité ce qu'il reçoit d'un écrivant. Il est des livres qui vous donnent le sentiment d'être plus intelligent ; il en est d'autres qui rendent plus savant, et d'autres encore qui vous entraînent bien au-delà de l'horizon de votre existence. Plus rares sont ceux qui vous réconcilient avec le meilleur de vous-même, qui vous rapprochent de cette part de vous que j'appelle le noyau céleste de l'être ou le cœur du divin qui brille en chacun.

Lire, c'est entrer dans l'inattendu d'un mot, l'imprévisible d'un récit, la chaleur d'une phrase et parfois l'appel d'une voix qui vous rejoint dans l'essentiel et vous invite à mieux vous respecter, à aller plus loin, plus près de cet être en expansion que nous sommes.

C'est encore et toujours l'espoir que j'ai avec ce petit opuscule écrit à double voix avec Catherine Enjolet, délicatement illustré par France Dufour.

J. S.

Des chemins de rencontre

Nous méritons toutes nos rencontres.
Malraux

Remonter vers ses sources, retrouver ses propres pistes. Reconnaître le sens de nos gestes, de nos choix, découvrir quelques-unes des clés de nos énigmes… *ah, c'était donc ça !…* Retracer les faits, les décisions dites anodines qui dessinent la trame de nos vies ; ces *hasards* qui nous mènent sans savoir où nous devons aller. Le *lien* et le *sens* esquissent les grandes lignes de nos parcours de vie.
Il était encore et toujours *une fois*… Une rencontre. Ce jour-là, une conférence de Jacques Salomé d'un côté, de l'autre, une présentation littéraire d'un de mes romans. Paroles en écho. Les résilients se

reconnaissent. Ils parlent la même langue. Regard et écoute s'entrecroisent. Quand deux résilients se rencontrent de quoi parlent-ils ? De silence. De non-dits. De déni. Jacques Salomé enseigne la grammaire relationnelle. Je crée les « Liens du sens » et le parrainage d'enfants en France [1].
Ce sont nos pages qui nous écrivent. Je ne prends pas la plume, c'est elle qui me prend, *écrire c'est dire aux autres ce qu'on ne peut pas se dire à soi-même*. Jacques Salomé. Catherine Enjolet : la même histoire. La même absence d'identité originelle. Lui et moi ? Le même manque. Le même vide à emplir : *Enjolet*, nom donné, en l'absence de filiation, par l'Administration, et *Salomé*, dont le nom signifie « qui réconcilie » : l'un et l'autre alliés pour la même injonction fondamentale : relier. Enjolet-Salomé ; deux « non » de famille à la recherche d'un « oui ». Deux pistes. Deux chemins qui convergent.
Entre Jacques Salomé qui réconcilie et Catherine Enjolet qui crée les *liens du sens*, chacun à son bout, l'un et l'autre tissent la relation.

1. « Parrains par'mille » permet de créer des liens entre un adulte disponible et un enfant qui a besoin de lui.

Pas de liens constructifs sans repères relationnels. Mot à mot, se consolide la rencontre. La grammaire enseigne les silences, les pauses. Le langage s'articule, chacun se définit, prend place dans la relation. *Les mots savent de nous ce que nous ignorons*.

Cette parole, que l'on fait entendre aux autres et qu'il nous est donné peu à peu de comprendre, raconte ce qui n'a pas su se dire, s'écrit et s'écrie. À deux voix. En écho.

Si la grammaire relationnelle ne peut se contenter de mots, les *liens du sens* ne se tissent pas sans règles de communication saine. Individu et parole en complétude.

L'être et le verbe.

Parole à deux voix.

Il arrive que l'autre vous amplifie. Il arrive que le miroir de vous-même qu'il vous offre vous grandisse.

Je crois à la rencontre, oui, c'est même essentiellement à cela que je crois, à tout ce et ceux que la vie – ironie du sort – nous propose d'affronter. Sans doute s'agit-il de reconnaître « ces choses de la vie », de ne pas laisser passer ceux et celles qui vous révèlent à vous-même.

J'ai su les rencontres de ma vie parfois au premier regard. Celles en tout cas que j'ai pu identifier. J'ai lu une évidence qu'il restait à déchiffrer. Laquelle ? Les jours offrent, au fur et à mesure, des bribes, des indices de l'énigme et, point par point, tissent le maillage invisible de nos vies. Le motif de la tapisserie lentement apparaît, raconte des histoires qui nous dépassent. Hasard, si, au fur et à mesure des rencontres qui me renseignent sur mon histoire et sur moi-même, mes origines se révèlent du côté d'une famille de... tisseurs ? Hasard, si celles de Jacques Salomé se construisent du côté de bâtisseurs, compagnons du devoir, tailleurs de pierres, qui sculptent, inlassables, et pour toujours, des cathédrales d'amour ?

A-t-on idée du cheminement, du pouvoir d'une phrase ? Rencontre écho. Miroir. Face-à-face auteurs-lecteurs. Jeu de prismes. L'Autre donne sens à mes mots. Merci.

Merci à vous lecteur qui accompagnez à votre tour ces paroles, toujours plus loin encore...

C. E.

L'AMOUR
ET
SES CHEMINS

Ceux qui ne savent pas donner
ne savent pas ce qu'ils perdent.

Catherine Enjolet

Ce n'est pas toujours celui qui offre
qui donne le plus à l'autre.

Jacques Salomé

Écrire, c'est dire à tout le monde
ce qu'on ne peut se dire à soi-même.

Catherine Enjolet

L'écriture, médium extraordinaire
du mystère des mots.

Jacques Salomé

Ce qui s'achète ne vaut rien.

Catherine Enjolet

La vraie richesse n'est pas
ce que l'on possède
mais ce dont on peut se passer.

Jacques Salomé

Si apprendre à dire non
c'est être adulte,
apprendre à dire oui
c'est être un homme.

Catherine Enjolet

Dire non à l'autre, c'est souvent dire oui à soi.

Jacques Salomé

Dire la vérité aux autres,
ce n'est rien...
mais la dire à soi-même !...

Catherine Enjolet

L’indicible, c’est quand je ne peux pas me dire... à moi-même.

Jacques Salomé

On ne craint plus jamais le noir
quand on sait faire la lumière en soi.

Catherine Enjolet

Nous portons les cicatrices de nos blessures. À nous de les honorer car elles disent aussi que nous avons survécu et que peut-être cela nous a rendu plus fort, plus lucide.

Jacques Salomé

À vouloir toujours être aimé
des autres,
on perd le seul amour indispensable,
celui de soi.

Catherine Enjolet

J'ai failli me laisser croire que c'était
toi qui me manquais...
alors que c'était moi qui me faisais
défaut.

Jacques Salomé

On se tue à force de maux-dire.

Catherine Enjolet

**Son silence était si vivant
que l'on entendait respirer l'indicible.**

Jacques Salomé

Le silence est le royaume des maux.

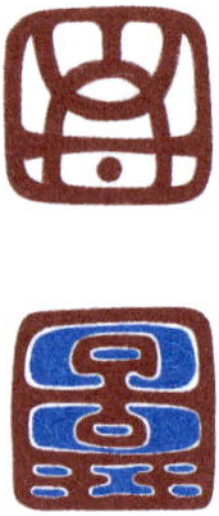

Catherine Enjolet

La fonction cachée de la maladie, c'est de produire des maux écrans pour ne pas entendre le cri du silence des mots.

Jacques Salomé

Sans moi, je ne suis rien.

Catherine Enjolet

La pauvreté la plus douloureuse
c'est d'être privé de ce que l'on a.

Jacques Salomé

Brisez le silence
avant qu'il ne vous brise.

Catherine Enjolet

Nous sommes le plus souvent dépossédés de notre parole par ceux censés nous la donner… nos parents.

Jacques Salomé

On apprend trop souvent à parler...
pour ne rien dire.

Catherine Enjolet

Ce sont souvent ceux qui n'ont rien à dire qui tiennent à le dire le plus longtemps possible.

Jacques Salomé

Celui qui accepte son vide
peut remplir sa vie.

Catherine Enjolet

Il faut créer beaucoup de vide en soi
pour naître au recevoir.

Jacques Salomé

Se croit volontiers complexe
celui qui n'est que compliqué.

Catherine Enjolet

Une relation est parfois profonde...
dans le sens du creux.

Jacques Salomé

Fais de ton cœur le pays
où l'on n'a pas peur.

Catherine Enjolet

Osez respecter le désir…
qui se cache sous chacune
de vos peurs !

Jacques Salomé

Pour se faire entendre,
il faut parler à l'inconscient.

Catherine Enjolet

Entre crever et créer
il n'y a qu'une lettre
de différence.

Jacques Salomé

J'ai grandi dans l'enfer
avec la certitude d'un privilège.

Catherine Enjolet

Le plus et le moins sont des poisons.

Jacques Salomé

**Quand on n'a pas le nécessaire,
on ne peut pas se passer du superflu.**

Catherine Enjolet

Se dépouiller de tous ses manques
pour accéder à la liberté d'être.

Jacques Salomé

Le sage n'est pas celui qui trouve
réponse à ses questions,
mais celui pour lequel
elles ne se posent plus.

Catherine Enjolet

L'illumination surgit quand il n'y a plus de différence...
entre la question et la réponse.

Jacques Salomé

La vie est un état d'esprit,
rien que cela,
un état d'esprit,
la mort aussi d'ailleurs...

Catherine Enjolet

La mort est un passage
pour accéder à toutes
les naissances.

Jacques Salomé

On ne demande jamais tant aux autres que ce que l'on se refuse à soi-même.

Catherine Enjolet

Les colères sont des tristesses
qui ne peuvent pas se dire autrement.

Jacques Salomé

Pourquoi devenir quelqu'un quand on peut être soi-même ?

Catherine Enjolet

Je préfère un échec qui me pousse
plus loin
qu'une réussite qui me perd.

Jacques Salomé

De la malédiction à la bénédiction,
il n'y a qu'un pas...
vers l'acceptation de soi.

Catherine Enjolet

**Je me désespère parfois,
je ne me décourage jamais.**

Jacques Salomé

Mieux vaut ne pas être de ceux qui
reprochent à la terre
de n'être pas le ciel.

Catherine Enjolet

Pour certains, la vie est une vallée de larmes, elle est douloureuse et décevante et, par-dessus le marché, elle est trop courte !...

Jacques Salomé

Si l'homme a fui le paradis terrestre,
ce n'est tout de même pas pour
le retrouver sur terre !

Catherine Enjolet

Il avait tout pour être heureux,
ne lui manquait que le bonheur.

Jacques Salomé

Les zones d'ombre ne sont pas noires.

Catherine Enjolet

Les paroles les plus claires ne sont pas celles qui nous aveuglent en nous éblouissant,
mais celles qui nous éclairent entre ombre et lumière.

Jacques Salomé

Pour cesser de craindre le malheur ?
Le provoquer...
La recette ne déçoit jamais !

Catherine Enjolet

Comment un miracle arrive-t-il ?
En sachant le voir et l'accueillir.

Jacques Salomé

Parce qu'on a peur de mourir,
on passe sa vie à mourir de peur.

Catherine Enjolet

Il y a deux choses dans la vie
qui ne sont pas négociables :
la mort et l'amour.

Jacques Salomé

Le présent n'est pas un temps simple.

Catherine Enjolet

Il arrive à certaines secondes d'avoir plus de mémoire que de longues heures.

Jacques Salomé

Le pervers est celui qui reproche
à sa victime ce qu'il lui inflige.

Catherine Enjolet

Le pire des ressentiments est de ne pouvoir pardonner à l'autre le mal qu'on lui a fait.

Jacques Salomé

Comment ne pas être étranger à son semblable,
quand on est étranger à soi-même ?

Catherine Enjolet

La véritable intimité est celle qui permet de rêver ensemble avec des rêves différents.

Jacques Salomé

Pour désarmer le monde,
cesser le feu en soi.

Catherine Enjolet

L'héroïsme au quotidien n'est pas dans
une attitude défensive
mais dans le positionnement tranquille.

Jacques Salomé

Si la sensiblerie fait pleurer,
la sensibilité fait agir.

Catherine Enjolet

Le terrorisme relationnel nous fait vaciller, nous fait douter des engagements pris avec nous-même.

Jacques Salomé

À vouloir gagner les autres,
on risque de se perdre soi-même.

Catherine Enjolet

Aimer être ce que je suis...
quand je suis avec l'autre.

Jacques Salomé

Promets-moi de ne pas croire que l'on meurt parce que l'on disparaît.

Catherine Enjolet

La perte semble être le prix
de l'agrandissement de la vie.

Jacques Salomé

Il faut mourir souvent
pour rester vivant.

Catherine Enjolet

**Mon existence a été traversée
de naissances, de mises au monde
dont chacune a contribué à me faire
naître à l'homme que je suis devenu.**

Jacques Salomé

Ne pas confondre malheur et épreuve,
si l'un fait baisser la tête,
l'autre la relève.

Catherine Enjolet

Grandir, c'est apprendre à se séparer en restant entier.

Jacques Salomé

Tout bourreau est une victime
qui s'ignore.

Catherine Enjolet

Ça fait mal d'envisager
de ne plus avoir mal,
ça fait très mal d'abandonner
sa souffrance.

Jacques Salomé

On gagne avec son histoire
et non pas contre.

Catherine Enjolet

Changer n'est pas devenir
quelqu'un d'autre
mais devenir ce que l'on est...
et l'accepter.

Jacques Salomé

Il n'y a pas pire exclusion que celle à laquelle on se condamne soi-même.

Catherine Enjolet

Il est parfois trop facile de se laisser piéger soi-même par des mensonges sincères.

Jacques Salomé

Partir de soi pour arriver aux autres.

Catherine Enjolet

Partir à la rencontre profonde avec l'être aimé, c'est découvrir plus tard que nous avions un rendez-vous important avec soi-même.

Jacques Salomé

Il n'y a pas de nuit sans étoiles

mais des nuits à nuages

Catherine Enjolet

Celui qui aime a des étoiles dans les yeux. De vraies étoiles qui ne sont pas le reflet de celles du ciel, mais la manifestation de celles qu'il porte dans son cœur.

Jacques Salomé

Le passé ? La mémoire ne se conjugue pas.

Catherine Enjolet

Et parfois cette découverte douloureuse, que dans une relation amoureuse le meilleur des rencontres était passé : avait existé dans un moment et un espace qui avaient échappé... à chacun.

Jacques Salomé

La simplicité, plus qu'une vertu,
est une grâce.

Catherine Enjolet

De tous les mots d'amour reçus, celui-là
je le porte toujours en moi :
« Viens, je suis déjà là... »

Jacques Salomé

Se débarrasser de ses peurs ?

On peut en tout cas apprendre à les vivre

au lieu d'en mourir

Catherine Enjolet

Certains hommes gardent en eux une peur violente et terrifiante d'être aimés. Ils se répètent sans cesse : pour ne pas souffrir dans une relation amoureuse, il faut être celui qui aime le moins.

Jacques Salomé

Tout non-dit

creuse un sillon profond

dans lequel la vie tourne en rond

Catherine Enjolet

L'amour coexiste avec… toujours,
tant qu'il est… vivant.

Jacques Salomé

Je ne suis attachée à rien…

mais reliée à tout.

Catherine Enjolet

L'amour, même s'il ne le sait pas, est toujours dépendant de la relation sur laquelle il se greffe. Relation qui va le nourrir, le dynamiser ou le stériliser et le meurtrir.

Jacques Salomé

Si on survit même sans connaître son bonheur

à méconnaître sa souffrance, on meur

Catherine Enjolet

Et me souvenir, qu'avant ton amour je n'étais rien, perdu dans un monde de solitude.

Jacques Salomé

Pour survivre quand la vie déchire,

il n'est plus qu'à prendre

les lambeaux qui restent pour des dentelles.

Catherine Enjolet

Je pensais pouvoir apprivoiser son absence, mais c'est sa présence qui ne s'est pas laissé apprivoiser.

Jacques Salomé

L'indicible ? Un mal qui a toujours le dernier mot.

Catherine Enjolet

Avec son amour amplifiant le mien nous pensions être invincibles. Et nous le fûmes quelques années. J'appelle ce temps-là, les années de notre amour...

Jacques Salomé

L'ego ?
Le *bon* permet à l'individu de se reconnaître le *mauvais* lui impose la reconnaissance de l'autre.

Catherine Enjolet

Les êtres qui se sentent aimés ont un ancrage au monde, ils ne portent pas leur racine dans la mouvance et l'aléatoire des rencontres.

Jacques Salomé

Il est des plantes de fissures ; résilientes qui germent des blessures, pousses de pavés qui s'épanouissent entre les failles, fleurs de terrains abandonnés ; victorieux lilas de macadam.

Catherine Enjolet

Entre distance et fusion, entre liberté et renoncement, entre attentes et offrandes l'amour taille un chemin qui nous dépouille de beaucoup de croyances, qui nous dénude des affirmations faciles et nous rend plus humble.

Jacques Salomé

La nuit ? Prélude à la lumière.

Catherine Enjolet

L'amour ne m'a pas rendu aveugle, comme il est dit, mais étrangement plus lumineux, plus rayonnant, plus voyant.

Jacques Salomé

En Irlande, on marche sur la lumière,
comme ailleurs
la Bible témoigne qu'on marche sur la mer.

Catherine Enjolet

Depuis que j'aime, je colore tout ce que je vois des couleurs qui me viennent d'elle. Du bleu de son rire, de l'orange de ses yeux, du rouge de ses gestes, de l'arc-en-ciel de sa respiration. Chaque instant est enveloppé de ses couleurs.

Jacques Salomé

À piéger sa victime,
le pervers s'enferme lui-même.

Catherine Enjolet

Trahir un amour, c'est assassiner un peu de la vie.

Jacques Salomé

La confiance qu'on ne peut accorder aux autres,
mieux vaut ne pas se la refuser
en plus à soi-même.

Catherine Enjolet

Certains attendent que le bonheur frappe à leur porte, d'autres, et j'en suis, préfèrent laisser la porte ouverte.

Jacques Salomé

Pour l'égocentrique personne n'existe,
pas plus lui-même.

Catherine Enjolet

Aimer tout de toi, sans retenue, sans réserve, aimer avec la totalité de moi, sans hésitation, sans peur.

Jacques Salomé

On n'enseigne jamais si bien
que ce que l'on a besoin d'apprendre.

Catherine Enjolet

– Tu m'as appris
tout ce que je croyais savoir
pour le transformer en partage.

Jacques Salomé

Au jeu du gagnant,
en amour,
on perd toujours.

Catherine Enjolet

– C’est avec toi que j’ai découvert
qu’une relation d’amour se dévitalisait
et parfois se perdait, quand
je voulais te convaincre
que j’avais raison.

Jacques Salomé

Renoncer à l'autre tel qu'il est
ce n'est rien,
mais renoncer à ce qu'on voudrait qu'il soit...

Catherine Enjolet

Quand j'ai des désirs vers toi
c'est la fête,
mais quand mes désirs
veulent remplacer les tiens
c'est l'enfer.

Jacques Salomé

Le bénéfice d'avoir tout perdu
c'est de n'avoir rien à perdre
et tout à gagner.

Catherine Enjolet

« Tu comptes beaucoup pour moi,
tu m'es très cher, je te dois tout »,
c'est toi qui m'as fait découvrir
la connotation un peu trop financière
de ces mots,
ce qui m'a libéré de toutes mes dettes.

Jacques Salomé

Écrire pour ses lecteurs
c'est d'abord lire en eux.

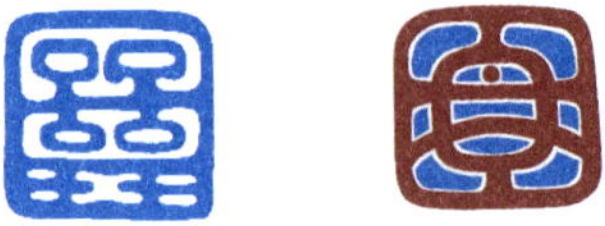

Catherine Enjolet

C'est en lisant tes lettres
que je me mets au monde
chaque fois plus émerveillé.

Jacques Salomé

On se torture trop souvent
pour éviter la souffrance.

Catherine Enjolet

Je ne veux plus me faire souffrir
en imaginant
tout ce que je n'ai pas vécu avec toi,
je vais plutôt agrandir tout
    ce que nous avons partagé ensemble.

Jacques Salomé

Seul celui qui me manque
... me comble.

Catherine Enjolet

C'est dans l'attente de toi,
que je te rencontre
au plus près de mes rêves.

Jacques Salomé

Dépôt légal :
Éditions Pocket
12 avenue d'Italie
75013 Paris.

Imprimé en France par Pollina à Luçon
N° L42463